Impressum
Verlag: BABADADA GmbH, Nedderfeld 112 , 22529 Hamburg
Geschäftsführer / Verlagsleitung: Harald Hof
Druck: Books on Demand GmbH, In de Tarpen 42, 22848 Norderstedt

Imprint
Publisher: BABADADA GmbH, Nedderfeld 112 , 22529 Hamburg, Germany
Managing Director / Publishing direction: Harald Hof
Print: Books on Demand GmbH, In de Tarpen 42, 22848 Norderstedt, Germany

Szkoła
学校

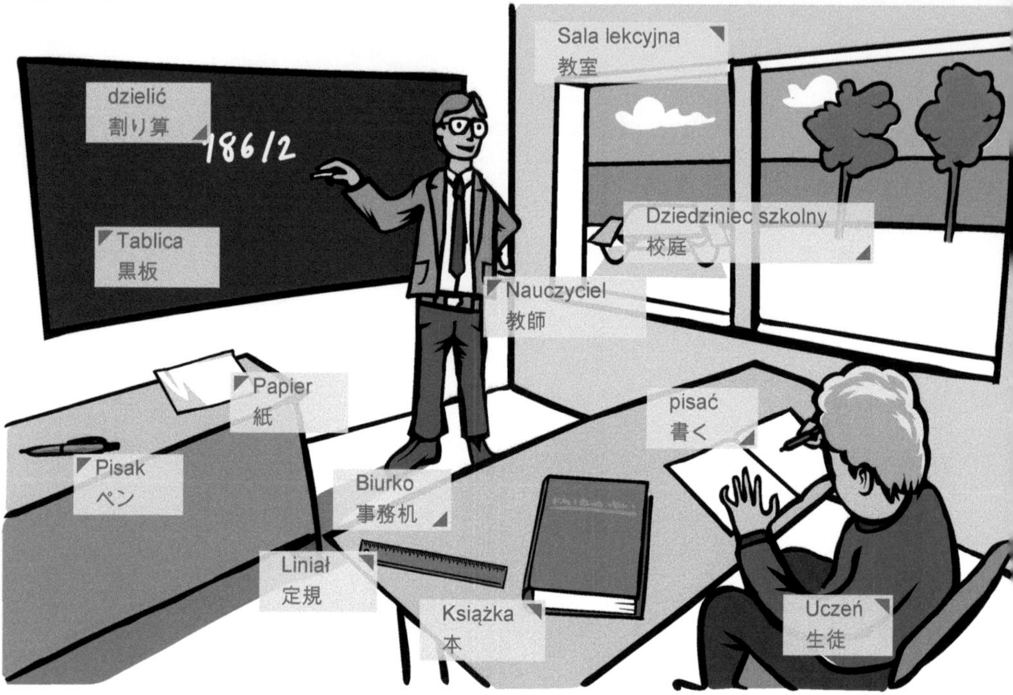
Sala lekcyjna
教室
dzielić
割り算
186/2
Tablica
黒板
Dziedziniec szkolny
校庭
Nauczyciel
教師
Papier
紙
pisać
書く
Pisak
ペン
Biurko
事務机
Liniał
定規
Książka
本
Uczeń
生徒

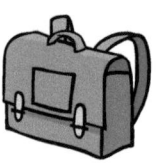

Plecak szkolny

ランドセル

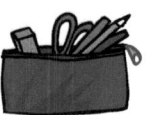

Piórnik

筆入れ

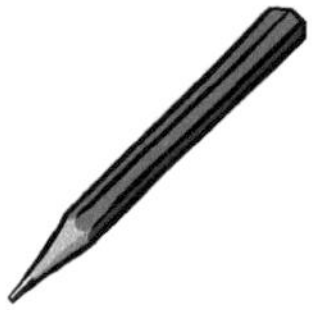

Ołówek

鉛筆

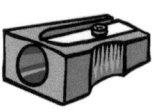

Temperówka

鉛筆削り

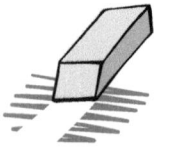

Gumka do mazania

消しゴム

Blok rysunkowy

スケッチブック

Rysunek

スケッチ

Pędzel

絵筆

Pudełko z akwarelami

絵の具箱

Nożyce

はさみ

Klej

接着剤

Książka do ćwiczenia

練習帳

Zadanie domowe

宿題

12

Liczba

数

2+2

dodawać

足し算

5-2

odejmować

引き算

2×2

mnożyć

かけ算

liczyć

計算する

A

Litera

文字

ABCDEFG
HIJKLMN
OPQRSTU
VWXYZ

Alfabet

アルファベット

hello

Słowo

単語

Tekst

テキスト

czytać

読む

Kreda

チョーク

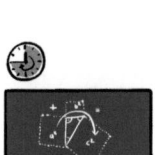

Godzina

授業

Dziennik lekcyjny

学級日誌

Egzamin

試験

Świadectwo

通知表

Mundurek szkolny

制服

Wykształcenie

教育

Leksykon

百科事典

Uniwersytet

大学

Mikroskop

顕微鏡

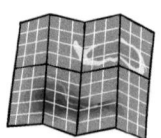

Mapa

地図

Kosz na odpadki

ごみ箱

Hotel
ホテル

Grand

Schronisko
ホステル

ROOMS

Kantor wymiany walut
両替所

EXCHANGE

Walizka
スーツケース

Auto
自動車

Język
言語

tak / nie
はい / いいえ

OK
問題ない

Halo
ハロー

Tłumacz
翻訳者

Dziękuję
ありがとう

Ile kosztuje ...?

...はいくらですか？

Nie rozumiem

わかりません

Problem

問題

Dobry wieczór!

こんばんは！

Dzień dobry!

おはようございます！

Dobranoc!

おやすみなさい！

Do widzenia

さようなら

Kierunek

方向

Bagaż

手荷物

Torba

バッグ

Plecak

リュックサック

Gość

お客様

Pokój

部屋

Śpiwór

寝袋

Namiot

テント

Informacja turystyczna

旅行者情報

Plaża

ビーチ

Karta kredytowa

クレジットカード

Śniadanie

朝食

Obiad

昼食

Kolacja

夕食

Bilet

チケット

Winda

エレベーター

Znaczek na list

スタンプ

Granica

境界

Cło

税関

Ambasada

大使館

Wiza

ビザ

Paszport

パスポート

Transport
輸送

Samolot
飛行機

Statek
船

Pojazd straży pożarnej
消防車

Autobus
バス

Samochód ciężarowy
トラック

Łódź motorowa
モーターボート

Rower
自転車

Auto
自動車

Prom
フェリー

Łódź
ボート

Motocykl
バイク

Radiowóz policyjny
パトカー

Samochód wyścigowy
レーシングカー

Samochód wypożyczony
レンタカー

Wspólne przejazdy
samochodem
カーシェアリング

Samochód pomocy
drogowej
レッカー車

Śmieciarka
ごみ収集車

Silnik
モーター

Benzyna
燃料

Stacja benzynowa
ガソリンスタンド

Znak drogowy
交通標識

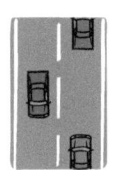

Ruch
交通

Korek
渋滞

Parking
駐車場

Dworzec
駅

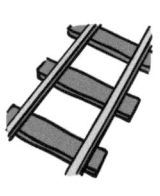

Szyny
道

Pociąg
列車

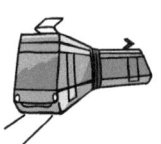

Tramwaj
路面電車

Wagon
車両

Helikopter

ヘリコプター

Lotnisko

空港

Wieża

タワー

Pasażer

乗客

Kontener

コンテナ

Karton

段ボール箱

Taczka

カート

Kosz

カゴ

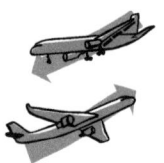

startować / lądować

離陸 / 着陸

Miasto

都市

Wieś

村

Centrum miasta

都心

Dom

家

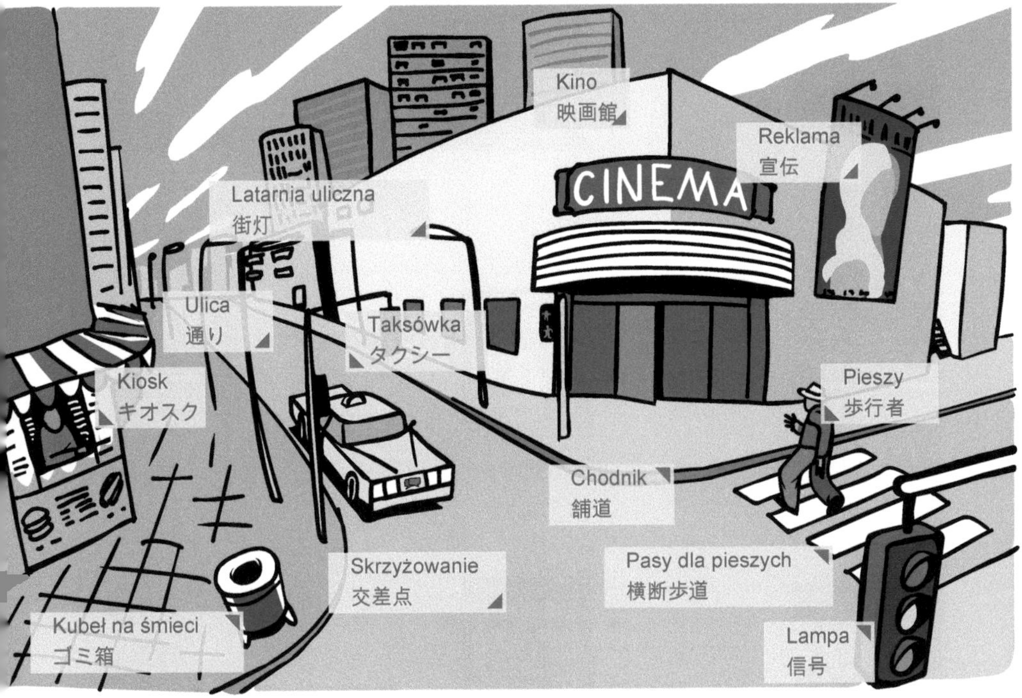
Kino
映画館
Reklama
宣伝
CINEMA
Latarnia uliczna
街灯
Ulica
通り
Taksówka
タクシー
Kiosk
キオスク
Pieszy
歩行者
Chodnik
舗道
Skrzyżowanie
交差点
Pasy dla pieszych
横断歩道
Kubeł na śmieci
ゴミ箱
Lampa
信号

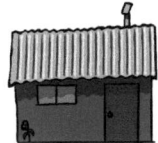

Chata

小屋

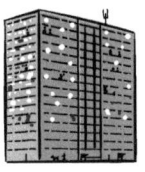

Mieszkanie

アパート

Dworzec

駅

Ratusz

市役所

MUSEUM

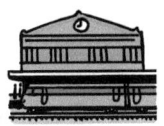

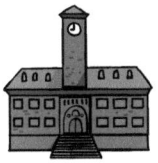

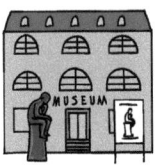

Muzeum

美術館

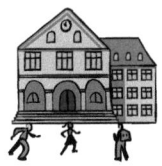

Szkoła

学校

Uniwersytet

大学

Bank

銀行

Szpital

病院

Hotel

ホテル

Apteka

薬局

Biuro

オフィス

Księgarnia

書店

Sklep

ショップ

Kwiaciarnia

花屋

Supermarket

スーパーマーケット

Rynek

市場

Dom towarowy

デパート

Sklep z rybami

魚屋

Centrum handlowe

ショッピングセンター

Port

港

Park
公園

Ławka
ベンチ

Most
橋

Schody
階段

Metro
地下鉄

Tunel
トンネル

Przystanek autobusowy
バス停

Bar
バー

Restauracja
レストラン

Skrzynka na listy
ポスト

Tabliczka z nazwą ulicy
道路標識

Parkometr
パーキングメーター

Zoo
動物園

Łaźnia
スイミングプール

Meczet
モスク

Gospodarstwo chłopskie
農場

Zanieczyszczenie środowiska
汚染

Cmentarz
墓地

Kościół
教会

Plac zabaw
遊び場

Świątynia
寺

Krajobraz
風景

Liść
葉

Drogowskaz
道標

Droga
道

Łąka
草地

Kamień
石

Drzewo
木

Wędrowiec
ハイカー

Rzeka
川

Trawa
草

Kwiat
花

Dolina

谷

Góra

山

Jezioro

湖

Las

森

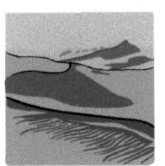

Pustynia

砂漠

Wulkan

火山

Zamek

城

Tęcza

虹

Grzyb

キノコ

Palma

ヤシの木

Komar

蚊

Mucha

ハエ

Mrówka

蟻

Pszczoła

ミツバチ

Pająk

クモ

Chrząszcz

カブトムシ

Żaba

蛙

Wiewiórka

リス

Jeż

ハリネズミ

Zając

ウサギ

Sowa

フクロウ

Ptak

鳥

Łabędź

白鳥

Dzik

雄豚

Jeleń

鹿

Łoś

ヘラジカ

Tama

ダム

Wiatrak

風力タービン

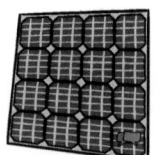

Moduł solarny

ソーラーパネル

Klimat

気候

Restauracja
レストラン

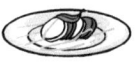

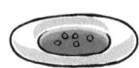

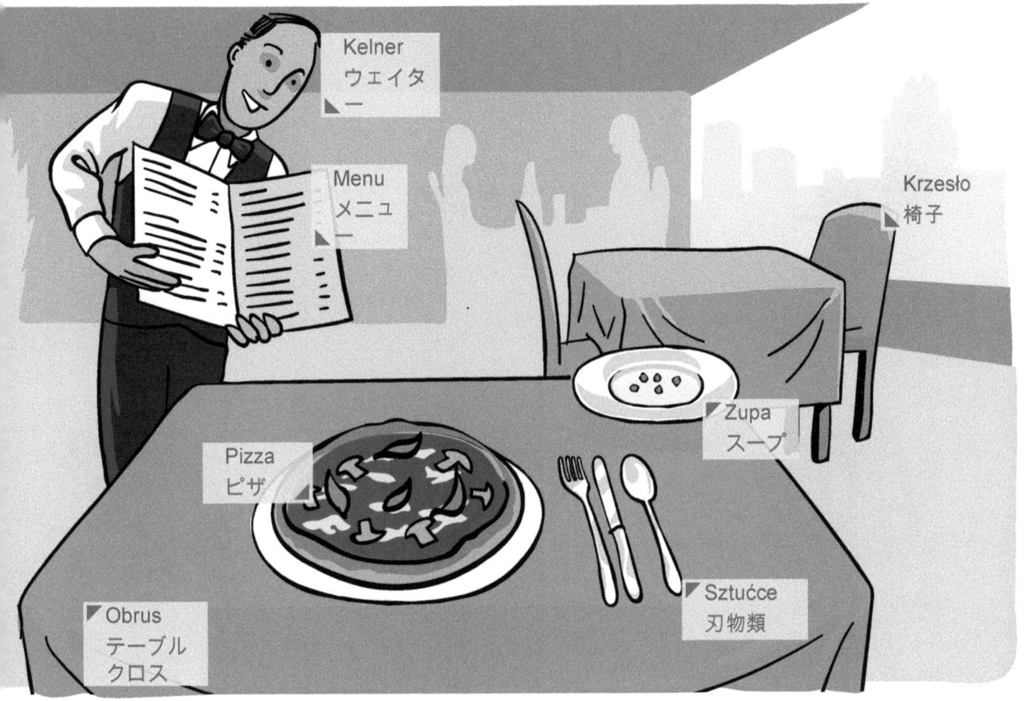

Kelner
ウェイター
Menu
メニュー
Krzesło
椅子
Zupa
スープ
Pizza
ピザ
Sztućce
刃物類
Obrus
テーブルクロス

Przystawka

前菜

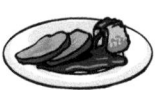

Danie główne

メインコース

Deser

デザート

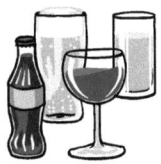

Napoje

飲み物

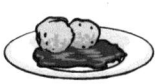

Jedzenie

食べ物

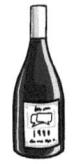

Butelka

ボトル

Fastfood

ファストフード

Streetfood

屋台の食べ物

Dzbanek na herbatę

ティーポット

Cukierniczka

砂糖入れ

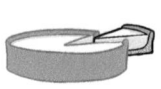

Porcja

一人前

Zaparzarka do espresso

エスプレッソマシン

Krzesło dla dziecka

幼児用食事椅子

Rachunek

請求書

Taca

トレー

Nóż

ナイフ

Widelec

フォーク

Łyżka

スプーン

Łyżeczka

ティースプーン

Serwetka

ナプキン

Szklanka

グラス

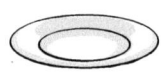

Talerz
皿

Talerz do zupy
スープ皿

Podstawek pod filiżankę
受け皿

Sos
ソース

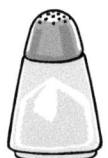

Solniczka
塩入れ

Młynek do pieprzu
ペッパーミル

Ocet
酢

Olej
油

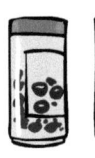

Przyprawy
スパイス

Keczup
ケチャップ

Musztarda
マスタード

Majonez
マヨネーズ

Supermarket
スーパーマーケット

Oferta
特価品
FOR
Klient
顧客
Produkty mleczne
乳製品
Owoce
果物
Wózek sklepowy
ショッピング・カート

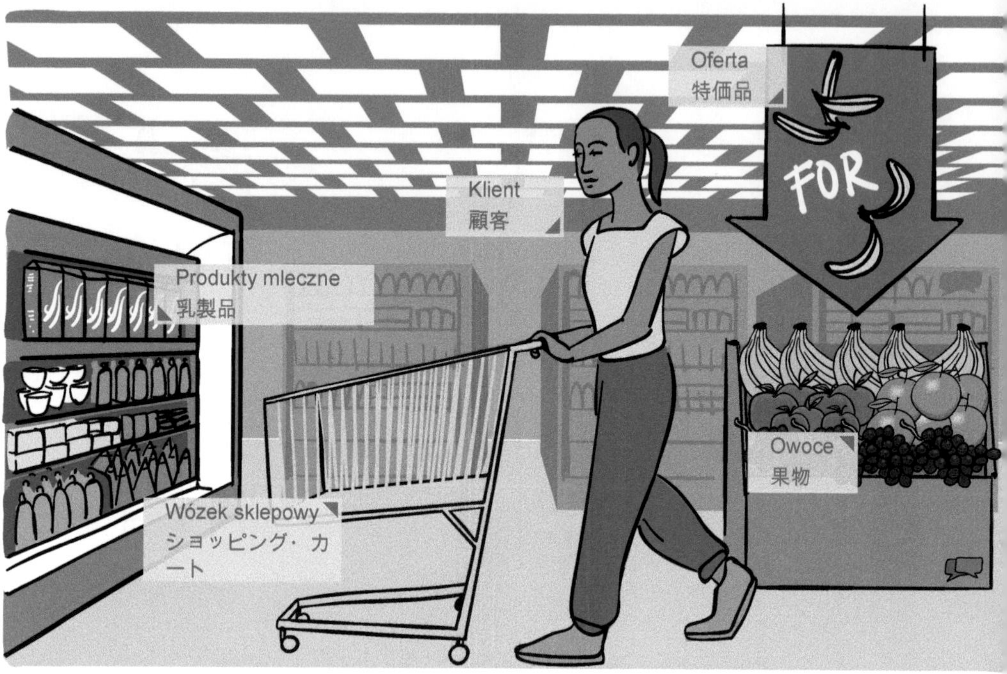

BUTCHERS

Rzeźnia

肉屋

BAKERY

Piekarnia

パン屋

ważyć

重さをはかる

Warzywa

野菜

Mięso

肉

Mrożonki

冷凍食品

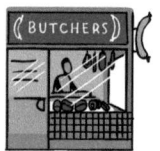

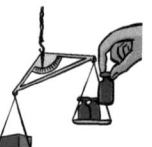

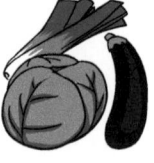

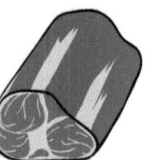

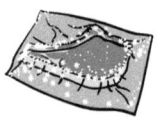

Wędliny

冷肉の薄切り

Konserwy

缶詰食品

Proszek m do prania

洗剤

Słodycze

菓子

Artykuły użytku domowego

家庭用品

Środek czyszczący

清掃用品

Sprzedawczyni

販売員

Kasa

現金箱

Kasjer

レジ係

Lista zakupów

買い物リスト

Godziny otwarcia

開館時刻

Portfel

財布

Karta kredytowa

クレジットカード

Torba

バッグ

Torebka plastikowa

ポリ袋

Woda

水

Sok

ジュース

Mleko

牛乳

Cola

コーラ

Wino

ワイン

Piwo

ビール

Alkohol

アルコール

Kakao

ココア

Herbata

紅茶

Kawa

コーヒー

Espresso

エスプレッソ

Cappuccino

カプチーノ

Banan

バナナ

Jabłko

リンゴ

Pomarańcza

オレンジ

Arbuz

メロン

Cytryna

レモン

Marchew

ニンジン

Czosnek

ニンニク

Bambus

竹

Cebula

玉ねぎ

Grzyb

キノコ

Orzechy

ナッツ

Makaron

ヌードル

Spaghetti

スパゲッティ

Ryż

米

Sałatka

サラダ

Frytki

フライドポテト

Ziemniaki pieczone

フライドポテト

Pizza

ピザ

Hamburger

ハンバーガー

Kanapka

サンドウィッチ

Sznycel

カツレツ

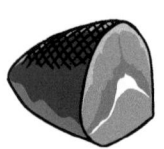

Szynka

ハム

Salami

サラミ

Kiełbasa

ソーセージ

Kura

鶏肉

Pieczeń

焼き

Ryba

魚

Płatki owsiane

麦のお粥

Musli

ムーズリ

Płatki kukurydziane

コーンフレーク

Mąka

小麦粉

Croissant

クロワッサン

Bułka

ロールパン

Chleb

パン

Toast

トースト

Ciastka

ビスケット

Masło

バター

Twarożek

カッテージチーズ

Ciasto

ケーキ

Jajko

卵

Jajko sadzone

目玉焼き

Ser

チーズ

Lody

アイスクリーム

Cukier

砂糖

Miód

はちみつ

Marmolada

ジャム

Krem nugatowy

ヌガークリーム

Curry

カレー

Gospodarstwo chłopskie

農場

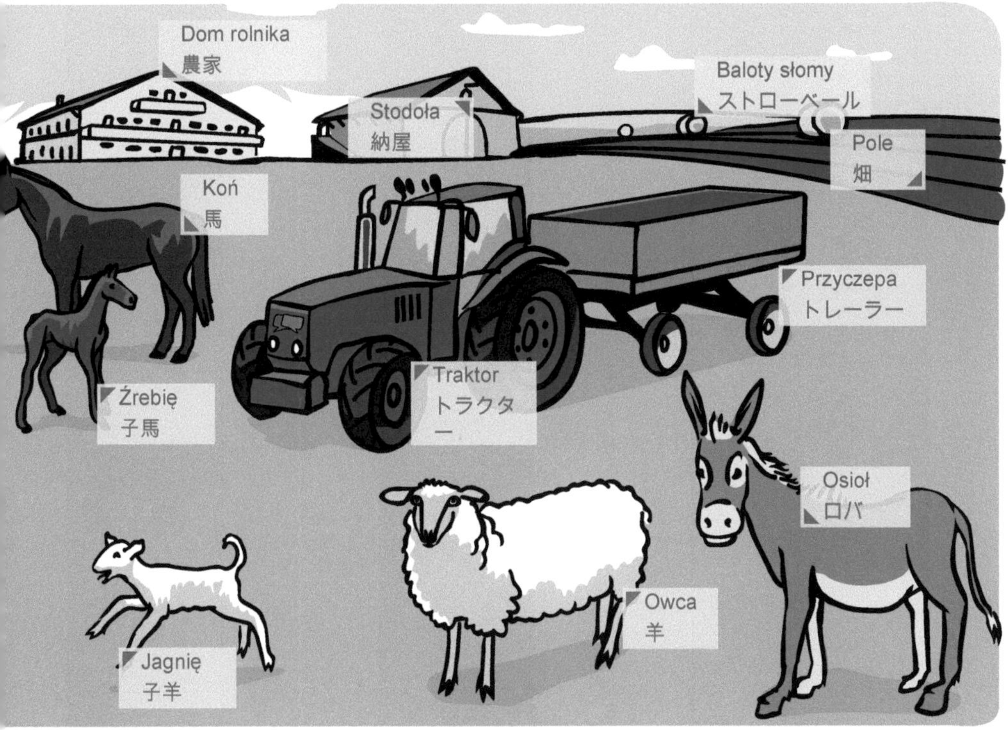
Dom rolnika
農家
Stodoła
納屋
Baloty słomy
ストローベール
Pole
畑
Koń
馬
Przyczepa
トレーラー
Źrebię
子馬
Traktor
トラクター
Osioł
ロバ
Owca
羊
Jagnię
子羊

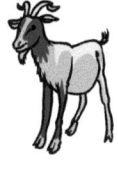

Koza
ヤギ

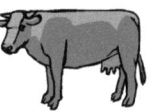

Krowa
雌牛

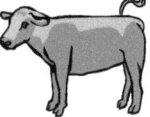

Cielę
子牛

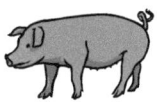

Świnia
豚

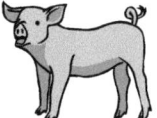

Prosię
子豚

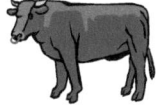

Byk
雄牛

Gęś

ガチョウ

Kaczka

アヒル

Kurczątko

ひよこ

Kura

にわとり

Kogut

おんどり

Szczur

ネズミ

Kot

猫

Mysz

ねずみ

Osioł

雄牛

Pies

犬

Buda dla psa

犬小屋

Wąż ogrodowy

散水ホース

Konewka

じょうろ

Kosa

大鎌

Pług

すき

Sierp
草刈り鎌

Graca
くわ

Widły
堆肥用フォーク

Siekiera
斧

Taczka
手押し車

Koryto
かいばおけ

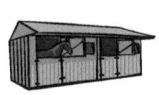

Kanka na mleko
牛乳缶

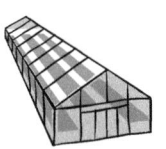

Worek
袋

Płot
フェンス

Stajnia
畜舎

Szklarnia
温室

Ziemia
土壌

Nasiona
種

Nawóz
肥料

Kombajn zbożowy
コンバイン

zbierać
收穫する

Żniwa
収穫

Podchrzyn
ヤマイモ

Pszenica
小麦

Soja
大豆

Ziemniak
じゃがいも

Kukurydza
トウモロコシ

Rzepak
菜種

Drzewo owocowe
果樹

Maniok
キャッサバ

Zboże
穀物

Komin
煙突

Dach
屋根

Rynna deszczowa
排水管

Okno
窓

Garaż
車庫

Dzwonek
呼び鈴

Drzwi
ドア

Wiaderko na śmieci
ゴミ箱

Skrzynka na listy
郵便受け

Ogród
庭

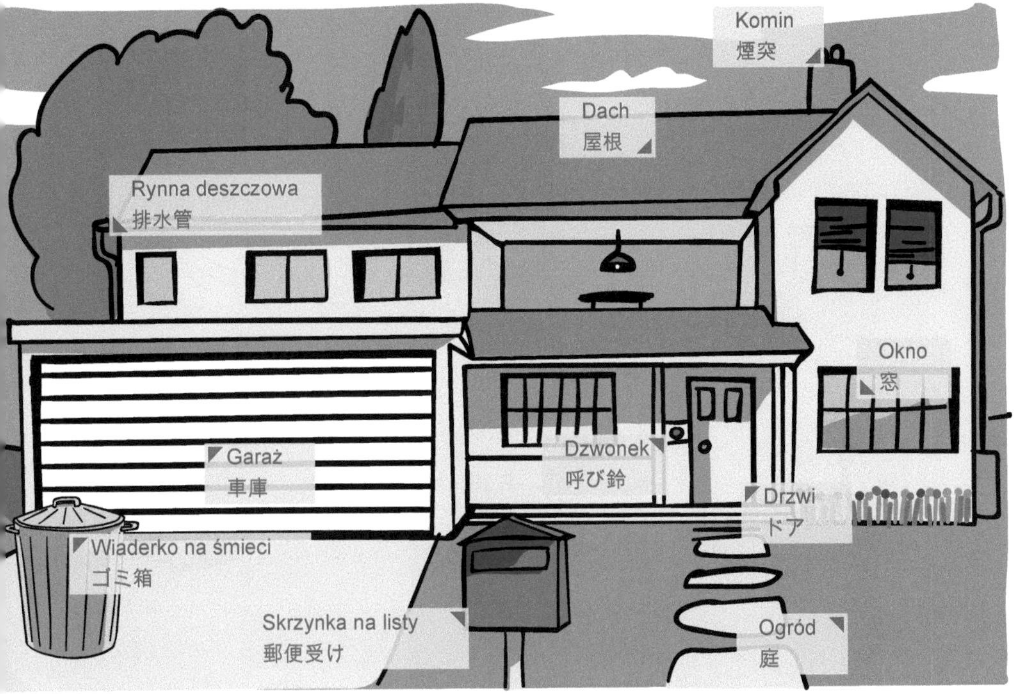

Pokój dzienny

リビングルーム

Łazienka

浴室

Kuchnia

台所

Sypialnia

寝室

Pokój dziecięcy

子供部屋

Jadalnia

ダイニング・ルーム

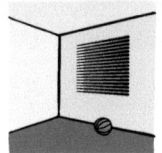

Ziemia

床

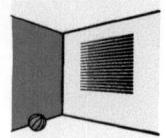

Ściana

壁

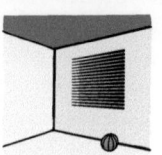

Koc

天井

Piwnica

地下貯蔵庫

Sauna

サウナ

Balkon

バルコニー

Taras

テラス

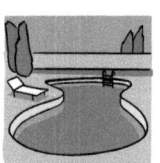

Basen

プール

Kosiarka do trawy

芝刈り機

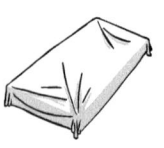

Poszwa

シーツ

Kołdra

ベッドカバー

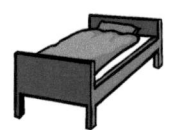

Łóżko

ベッド

Miotła

ほうき

Wiadro

バケツ

Włącznik

スイッチ

Pokój dzienny
リビングルーム

Tapeta
壁紙
Obraz
絵
Lampa
ランプ
Regał
棚
Szafa
食器棚
Telewizor
テレビ
Komin
暖炉
Kwiat
花
Poduszka
クッション
Kanapa
ソファ
Wazon
花瓶
Pilot
リモコン

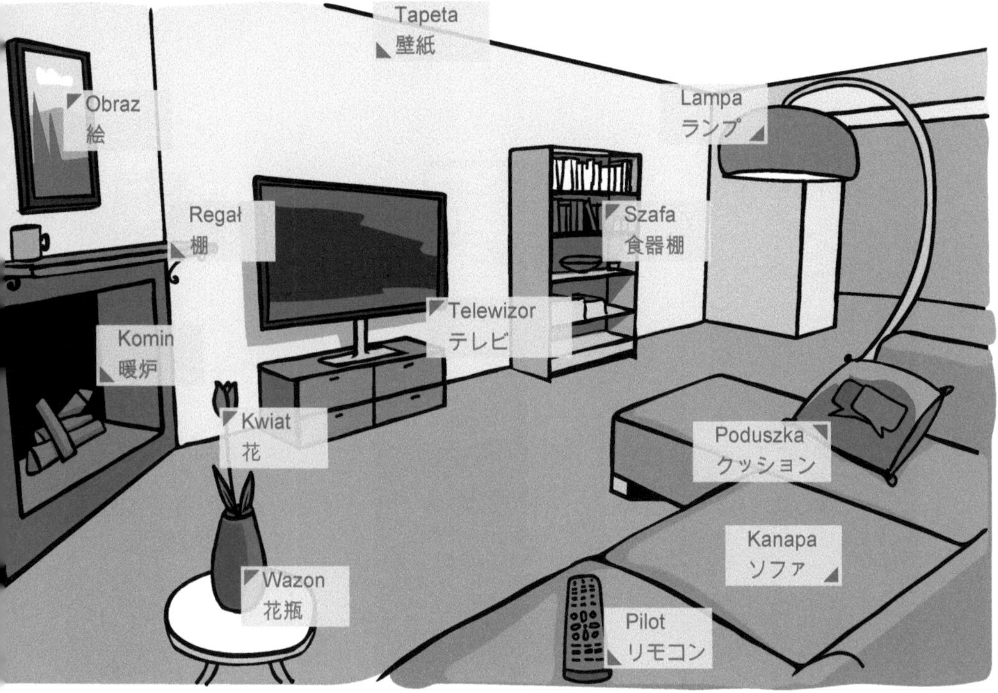

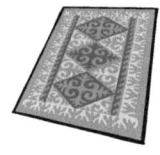

Dywan

カーペット

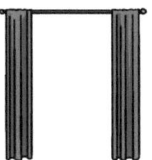

Zasłona

カーテン

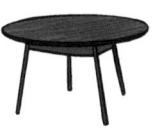

Stół

テーブル

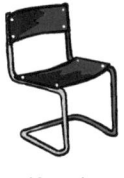

Krzesło

椅子

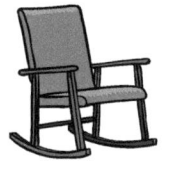

Bujak

ロッキングチェア

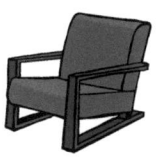

Fotel

ひじ掛け椅子

Książka
本

Sufit
毛布

Dekoracja
飾り

Drewno kominkowe
たきぎ

Film
映画

Instalacja stereo
ステレオ

Klucz
鍵

Gazeta
新聞

Malunek
絵画

Plakat
ポスター

Radio
ラジオ

Notatnik
メモ帳

Odkurzacz
掃除機

Kaktus
サボテン

Świeczka
ろうそく

Kuchnia
台所

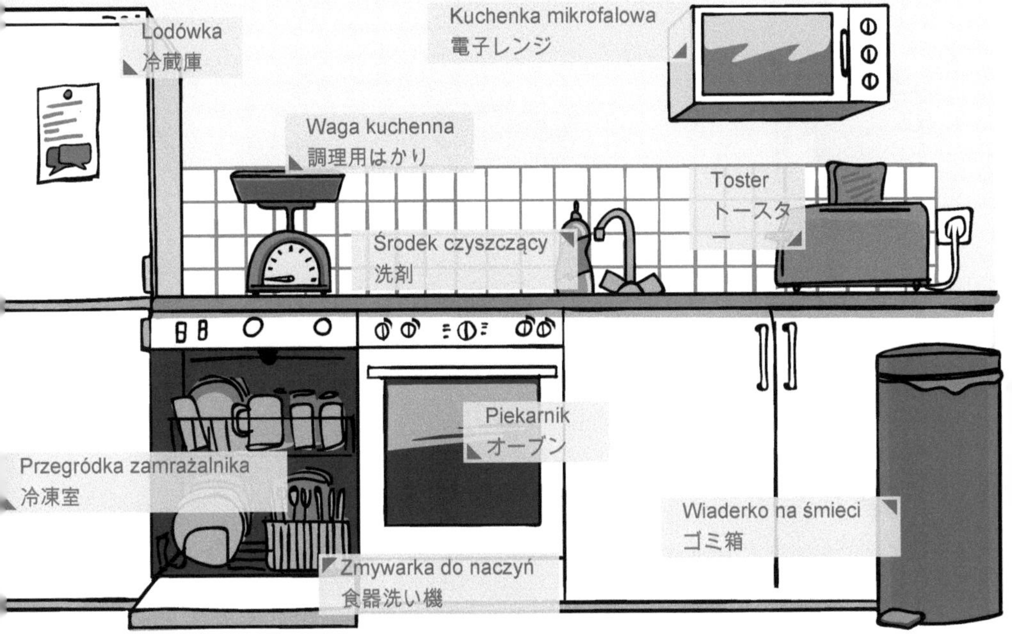
Lodówka
冷蔵庫
Kuchenka mikrofalowa
電子レンジ
Waga kuchenna
調理用はかり
Toster
トースター
Środek czyszczący
洗剤
Piekarnik
オーブン
Przegródka zamrażalnika
冷凍室
Wiaderko na śmieci
ゴミ箱
Zmywarka do naczyń
食器洗い機

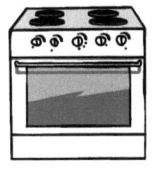

Kuchenka
こんろ

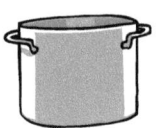

Garnek
鍋

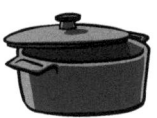

Kocioł żeliwny
鉄鍋

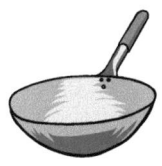

Wok / Kadai
中華鍋/ カダイ鍋

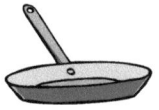

Patelnia
フライパン

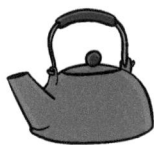

Czajnik
やかん

Parowar

蒸し器

Blacha do pieczenia

天板

Naczynia kuchenne

食器

Kubek

マグカップ

Miska

ボウル

Pałeczki

箸

Nabierka

おたま

Łopatka do smażenia

へら

Trzepaczka do śmietany

泡立て器

Cedzak

こし器

Sitko

ふるい

Tarka

すりおろし器

Moździerz

すり鉢

Grillowanie

バーベキュー

Palenisko

かまど

Deska

まな板

Wałek do ciasta

麺棒

Korkociąg

栓抜き

Puszka

缶

Otwieracz do puszek

缶切り

Ściereczka do trzymania garnka

鍋つかみ

Umywalka

流し

Szczotka

ブラシ

Gąbka

スポンジ

Mikser

ミキサー

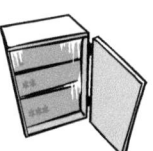

Zamrażarka

冷凍庫

Butelka dla niemowlęcia

哺乳瓶

Kran

蛇口

Łazienka
浴室

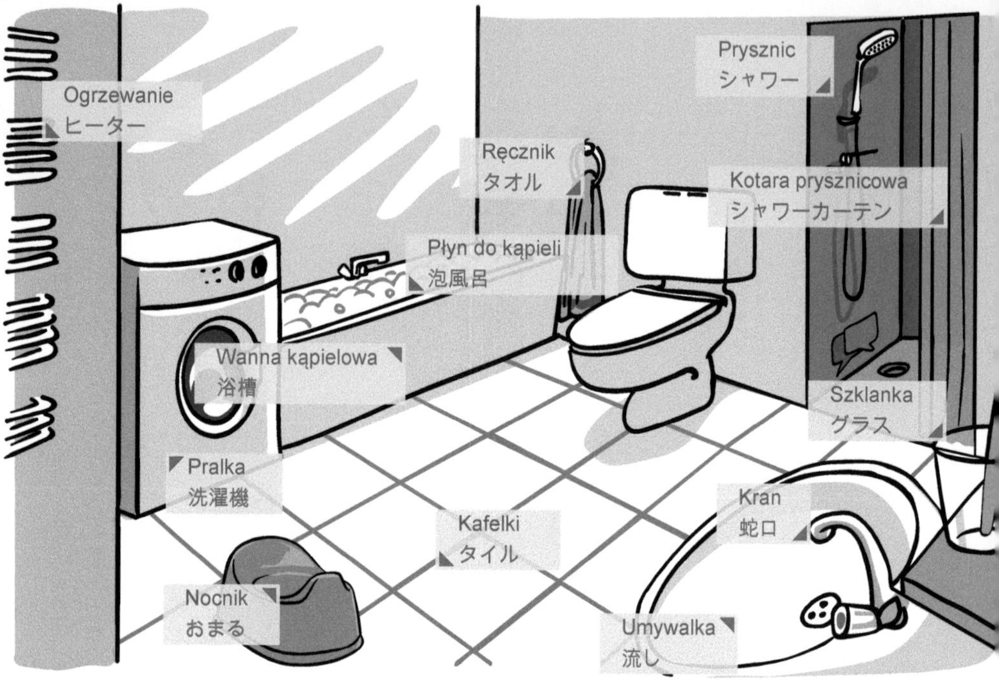

Ogrzewanie
ヒーター

Prysznic
シャワー

Ręcznik
タオル

Kotara prysznicowa
シャワーカーテン

Płyn do kąpieli
泡風呂

Wanna kąpielowa
浴槽

Szklanka
グラス

Pralka
洗濯機

Kafelki
タイル

Kran
蛇口

Nocnik
おまる

Umywalka
流し

Toaleta
トイレ

Toaleta kuczna
和式トイレ

Bidet
ビデ

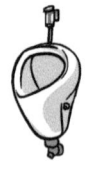
Pisuar
小便器

Papier toaletowy
トイレットペーパー

Szczotka toaletowa
トイレブラシ

Szczoteczka do zębów

歯ブラシ

Pasta do zębów

歯みがき

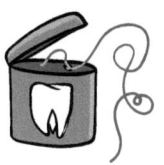

Nitki do czyszczenia zębów

デンタルフロス

myć

洗う

Głowica prysznicowa

シャワーヘッド

Płyn kąpielowy do higieny intymnej

ハンドビデ

Miska do mycia

洗面台

Szczotka kąpielowa

ボディブラシ

Mydło

石鹸

Żel prysznicowy

シャワー用ジェル

Szampon

シャンプー

Rękawica kąpielowa

浴用タオル

Odpływ

排水口

Krem

クリーム

Dezodorant

消臭

Lustro

鏡

Lustro kosmetyczne

手鏡

Golarka

かみそり

Pianka do golenia

シェービング・フォーム

Woda po goleniu

アフターシェーブローショ
ン

Grzebień

櫛

Szczotka

ブラシ

Suszarka do włosów

ドライヤー

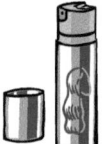

Spray do włosów

ヘアスプレー

Makijaż

化粧

Pomadka

口紅

Lakier do paznokci

マニキュア

Wata

脱脂綿

Nożyczki do paznokci

爪切り

Perfum

香水

Kosmetyczka

洗面用具入れ

Taboret

スツール

Waga

体重計

Szlafrok kąpielowy

バスローブ

Rękawice gumowe

ゴム手袋

Tampon

タンポン

Podpaska damska

生理用ナプキン

Toaleta chemiczna

ケミカルトイレ

Pokój dziecięcy

子供部屋

Budzik
目覚まし時計
Pluszowa przytulanka
ぬいぐるみ
Samochodzik
おもちゃの自動車
Grzechotka
がらがら
Domek dla lalek
ドール・ハウス
Prezent
プレゼント

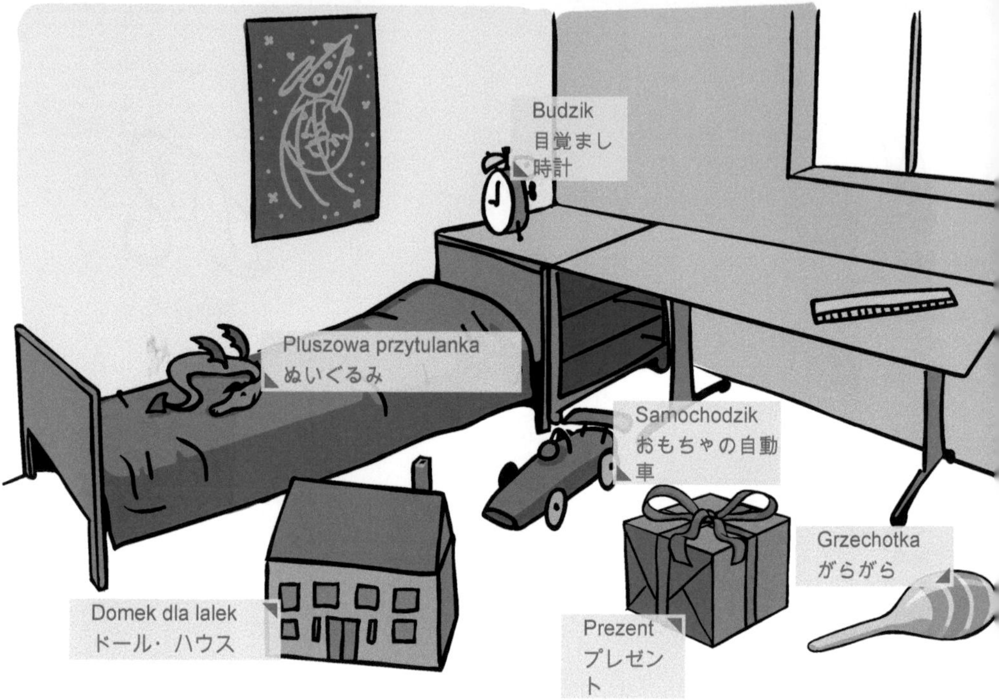

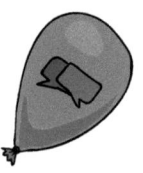

Balon

風船

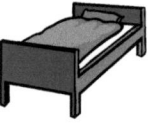

Łóżko

ベッド

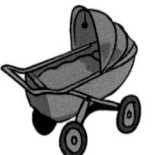

Wózek dziecięcy

ベビーカー

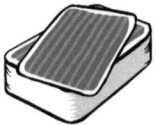

Gra w karty

カードゲーム

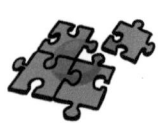

Puzzle

ジグソーパズル

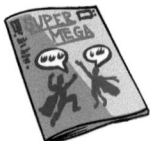

Komiks

漫画

Klocki lego

レゴ

Klocki

玩具ブロック

Action figura

アクションフィギュア

Śpioszek dziecięcy

ロンパース

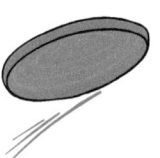

Frisbee

フリスビー

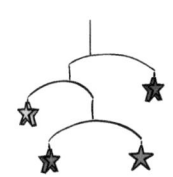

Zabawki ruchome

モバイル

Gra planszowa

ボードゲーム

Kości

さいころ

Kolejka elektryczna

鉄道模型

Smoczek

おしゃぶり

Przyjęcie

パーティー

Książka z ilustracjami

絵本

Piłka

ボール

Lalka

人形

bawić się

遊ぶ

Piaskownica

砂場

Huśtawka

ブランコ

Zabawki

おもちゃ

Konsola do gier

ゲーム機

Rowerek trójkołowy

三輪車

Pluszowy miś

テディベア

Szafa ubraniowa

衣装ダンス

Ubiór

衣服

Skarpety

靴下

Pończochy

ストッキング

Rajstopy

タイツ

Szal
スカーフ

Parasol
雨傘

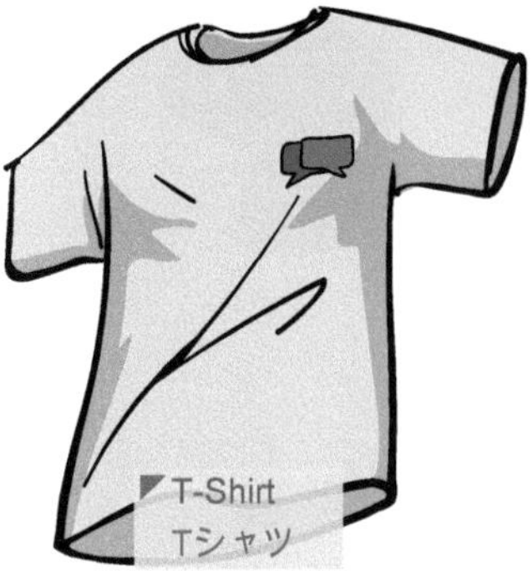

T-Shirt
Tシャツ

Pasek
ベルト

Kozaki
ブーツ

Pantofle domowe
スリッパ

Obuwie sportowe
スニーカー

Sandały
....
サンダル

Buty
....
靴

Kalosze
....
ゴム長靴

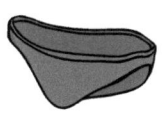

Majtki
....
パンツ

Biustonosz
....
ブラ

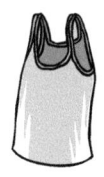

Podkoszulek
....
ベスト

Body

ボディースーツ

Spodnie

ズボン

Dżins

ジーンズ

Spódnica

スカート

Bluzka

ブラウス

Koszula

シャツ

Pulower

セーター

Bluza sportowa

パーカー

Marynarka

ブレザー

Kurtka

ジャケット

Płaszcz

コート

Płaszcz przeciwdeszczowy

レインコート

Kostium

服装

Sukienka

ドレス

Suknia ślubna

ウェディングドレス

Garnitur męski

スーツ

Koszula nocna

ナイトガウン

Piżama

パジャマ

Sari

サリー

Chusta na głowę

ヘッドスカーフ

Turban

ターバン

Burka

ブルカ

Kaftan

カフタン

Abaya

アバヤ

Strój kąpielowy

水着

Kąpielówki

トランクス

Krótkie spodnie

半ズボン

Dres sportowy

スウェットスーツ

Fartuch

エプロン

Rękawiczki

手袋

Guzik
ボタン

Okulary
メガネ

Bransoletka
ブレスレット

Łańcuszek
ネックレス

Pierścionek
指輪

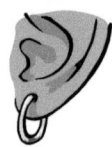

Kolczyk
イヤリング

Czapka
帽子

Wieszak
ハンガー

Kapelusz
帽子

Krawat
ネクタイ

Zamek błyskawiczny
ファスナー

Kask
ヘルメット

Szelki
サスペンダー

Mundurek szkolny
制服

Mundur
ユニフォーム

Śliniaczek

よだれかけ

Smoczek

おしゃぶり

Pieluszka

おむつ

Biuro

オフィス

Serwer
サーバ

Szafa na akta
書類キャビネット

Drukarka
プリンター

Monitor
モニター

Papier
紙

Mysz
マウス

Biurko
事務机

Segregator
フォルダー

Krzesło
椅子

Klawiatura
キーボード

Kosz na odpadki
ごみ箱

Komputer
コンピュー
ター

Filiżanka do kawy

コーヒーマグ

Kalkulator

計算機

Internet

インターネット

Laptop

ラップトップ

List

手紙

Wiadomość

メッセージ

Komórka

携帯電話

Sieć

ネットワーク

Kopiarka

コピー機

Oprogramowanie

ソフトウェア

Telefon

電話

Gniazdko

コンセント

Faks

ファックス

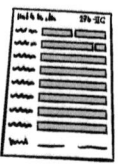

Formularz

フォーム

Dokument

書類

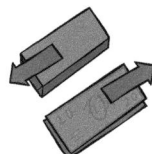

kupić

買う

płacić

支払う

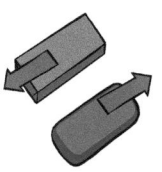

postępować

取引する

Pieniądze

お金

Dolar

ドル

Euro

ユーロ

Jen

円

Rubel

ルーブル

Frank

スイスフラン

Juan Renminbi

人民元

Rupia

ルピー

Bankomat

キャッシュポイント

Kantor wymiany walut

両替所

Złoto

金

Srebro

銀

Olej

油

Energia

エネルギー

Cena

価格

Umowa

契約

Podatek

税金

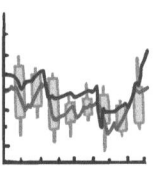

Akcja

株

pracować

働く

Pracownik umysłowy

従業員

Pracodawca

雇用主

Fabryka

工場

Sklep

ショップ

Zawody
職業

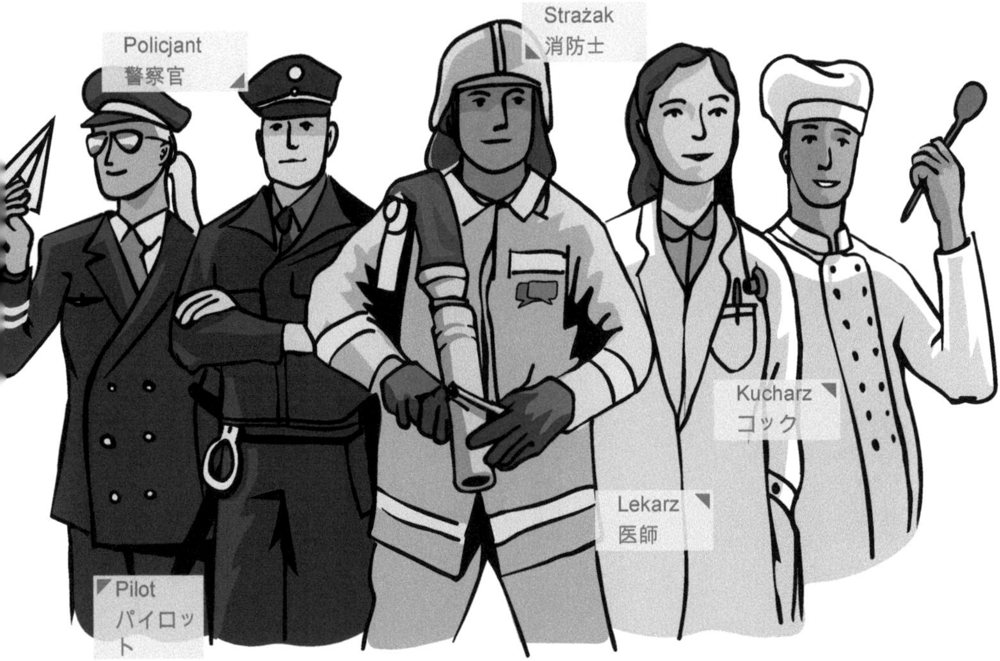

Policjant
警察官
Strażak
消防士
Kucharz
コック
Lekarz
医師
Pilot
パイロット

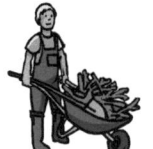

Ogrodnik

庭師

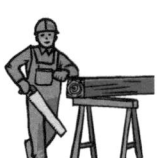

Stolarz

大工

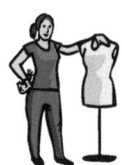

Krawcowa

お針子

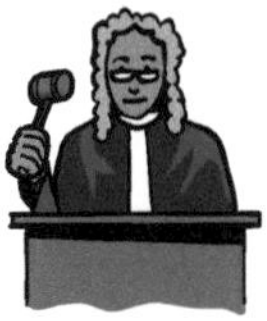

Sędzia

裁判官

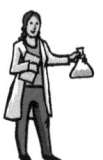

Chemik

化学者

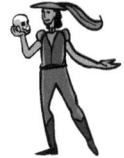

Aktor

俳優

Kierowca autobusu

バスの運転手

Taksówkarz

タクシー運転手

Fischer

漁師

Sprzątaczka

掃除婦

Dekarz

屋根ふき職人

Kelner

ウェイター

Myśliwy

ハンター

Malarz

塗装工

Piekarz

パン屋

Elektryk

電気工

Robotnik budowlany

建設作業員

Inżynier

エンジニア

Rzeźnik

肉屋

Instalator

配管工

Listonosz

郵便配達人

Żołnierz

軍人

Architekt

建築家

Kasjer

レジ係

Florysta

花屋

Fryzjer

美容師

Konduktor

車掌

Mechanik

機械工

Kapitan

キャプテン

Dentysta

歯科医

Naukowiec

科学者

Rabin

ラビ

Imam

イスラム導師

Mnich

修道士

Proboszcz

牧師

Zawody - 職業

Narzędzia

道具

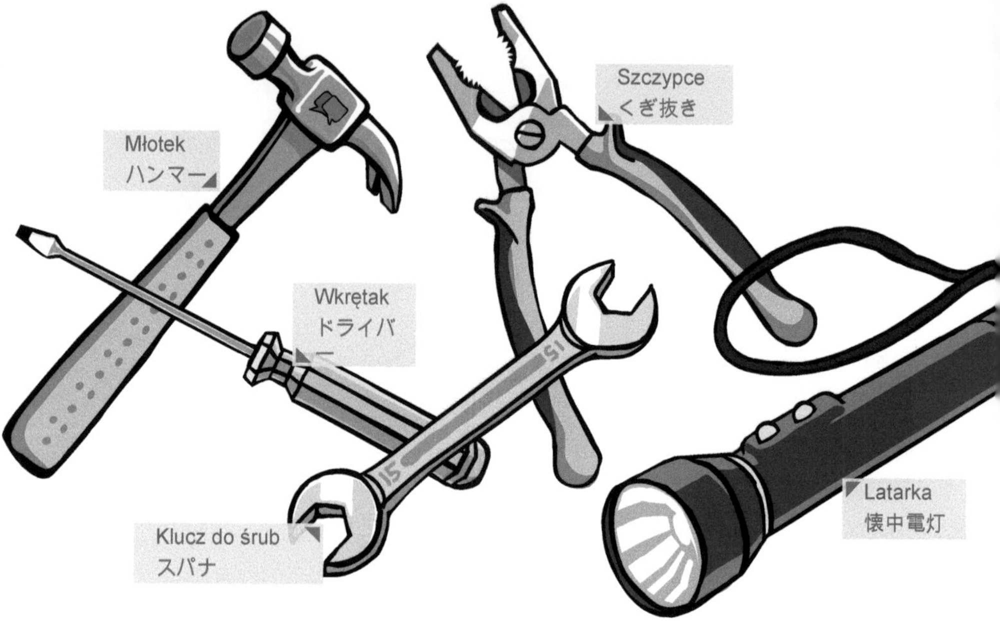

Młotek
ハンマー
Szczypce
くぎ抜き
Wkrętak
ドライバ
ー
Klucz do śrub
スパナ
Latarka
懐中電灯

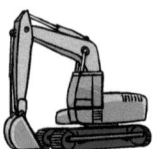

Koparka

掘削機

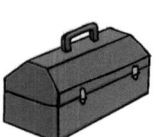

Skrzynka narzędziowa

道具箱

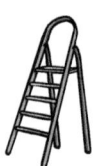

Drabina

はしご

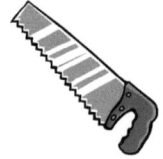

Piła

のこぎり

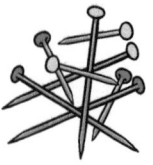

Gwoździe

釘

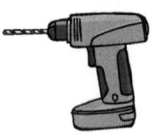

Wiertło

ドリル

naprawić
修理する

Łopatka
シャベル

Cholera!
クソ！

Szufelka
ちりとり

Puszka z farbą
ペンキ缶

Śruby
ネジ

Instrumenty muzyczne
楽器

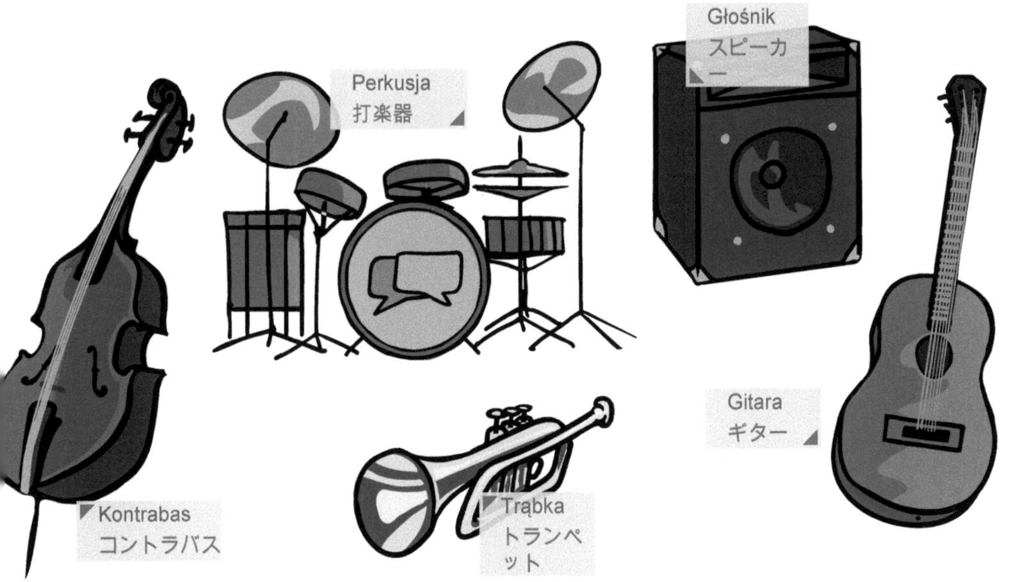

Perkusja
打楽器

Głośnik
スピーカー

Kontrabas
コントラバス

Trąbka
トランペット

Gitara
ギター

Pianino

ピアノ

Skrzypce

バイオリン

Bas

バス

Kotły

ティンパニ

Bęben

ドラム

Keyboard

キーボード

Saksofon

サックス

Flet

フルート

Mikrofon

マイクロフォン

Zoo
動物園

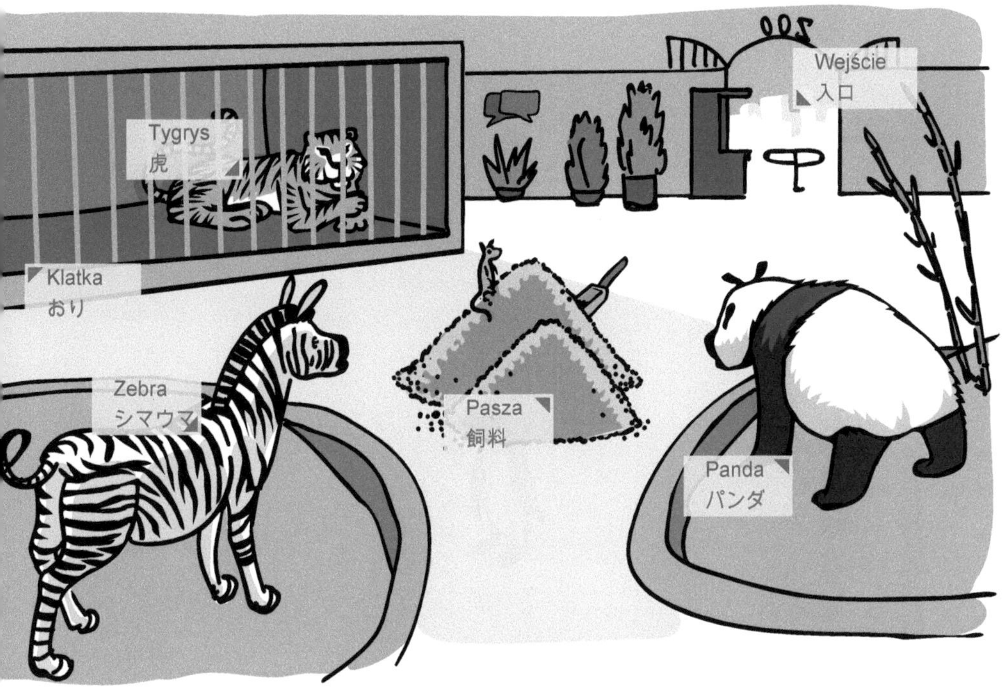

Wejście
入口
Tygrys
虎
Klatka
おり
Zebra
シマウマ
Pasza
飼料
Panda
パンダ

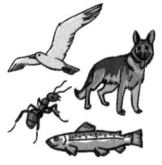

Zwierzęta

動物

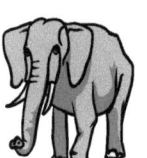

Słoń

象

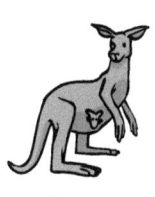

Kangur

カンガルー

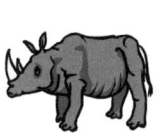

Nosorożec

サイ

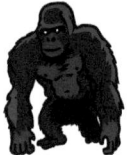

Goryl

ゴリラ

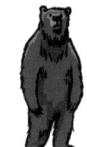

Niedźwiedź

熊

Wielbłąd

ラクダ

Struś

ダチョウ

Lew

ライオン

Małpa

猿

Fleming

フラミンゴ

Papuga

オウム

Niedźwiedź polarny

白クマ

Pingwin

ペンギン

Rekin

サメ

Paw

クジャク

Wąż

蛇

Krokodyl

ワニ

Dozorca w zoo

飼育係

Foka

アザラシ

Jaguar

ジャガー

Zoo - 動物園

Kucyk

ポニー

Gepard

ヒョウ

Hipopotam

カバ

Żyrafa

キリン

Orzeł

鷲

Dzik

雄豚

Ryba

魚

Żółw

亀

Mors

セイウチ

Lis

狐

Gazela

ガゼル

Futbol amerykański
アメフト

Kolarstwo
サイクリング

Tenis
テニス

Koszykówka
バスケットボール

Pływanie
水泳

Boks
ボクシング

Hokej na lodzie
アイスホッケー

Piłka nożna
サッカー

Badminton
バドミントン

Lekka atletyka
陸上競技

Piłka ręczna
ハンドボール

Narciarstwo
スキー

Polo
ポロ

skakać
跳ぶ

śmiać się
笑う

objąć
抱きしめる

iść
歩く

śpiewać
歌う

marzyć
夢見る

modlić się
祈る

całować
キス

pisać
書く

rysować
描く

pokazywać
示す

nacisnąć
押す

dać
与える

wziąć
取る

mieć
持っている

robić
する

być
ある

stać
立つ

biegać
走る

ciągnąć
引く

rzucać
投げる

spaść
落ちる

leżeć
横たわっている

czekać
待つ

nosić
運ぶ

siedzieć
座る

zakładać
着る

spać
眠る

budzić się
目が覚める

Działania - 活動

spojrzeć
見る

płakać
泣く

głaskać
なでる

czesać się
櫛ですく

mówić
話す

rozumieć
理解する

pytać
質問する

słyszeć
聞く

pić
飲む

jeść
食べる

sprzątać
片づける

kochać
愛する

gotować
料理する

jechać
運転する

latać
飛ぶ

Działania - 活動

żeglować

ヨットに乗る

liczyć

計算する

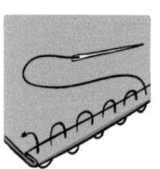

czytać

読む

uczyć się

学ぶ

pracować

働く

wejść w związek małżeński

結婚する

szyć

縫う

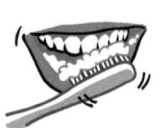

myć zęby

歯を磨く

zabić

殺す

palić tytoń

喫煙する

wysłać

送る

Rodzina
家族

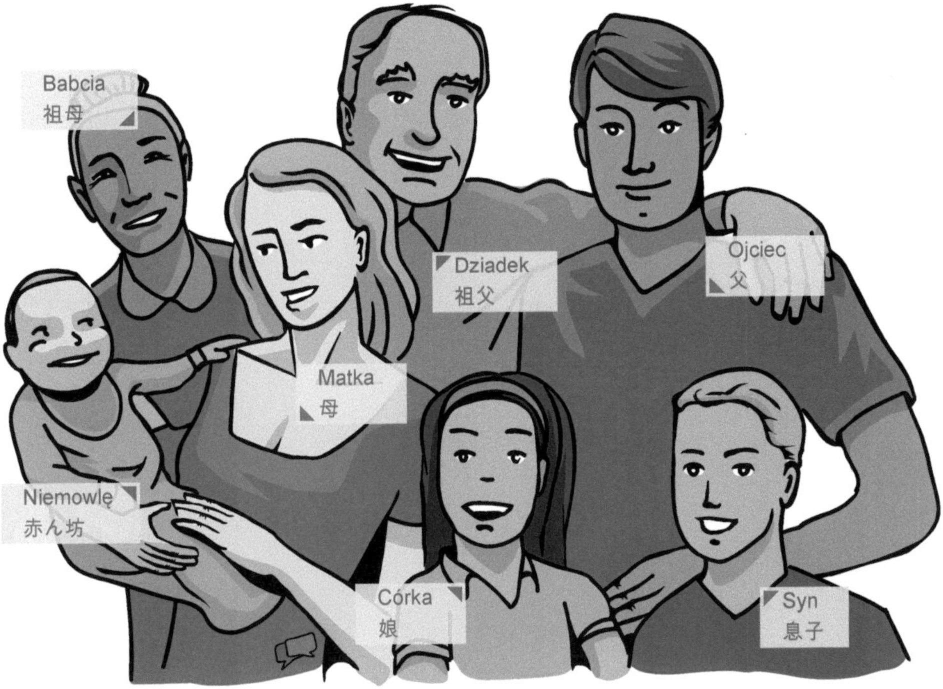

Babcia
祖母
Dziadek
祖父
Ojciec
父
Matka
母
Niemowlę
赤ん坊
Córka
娘
Syn
息子

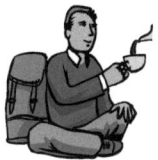

Gość

お客様

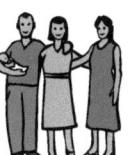

Ciotka

おば

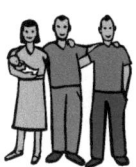

Wujek

おじ

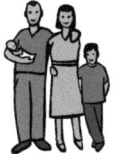

Brat

兄弟

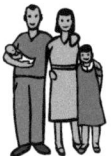

Siostra

姉妹

Ciało

体

Czoło
ひたい
Oko
目
Ramię
肩
Palec
指
Twarz
顔
Broda
あご
Ręka
手
Noga
脚
Pierś
胸
Ramię
腕

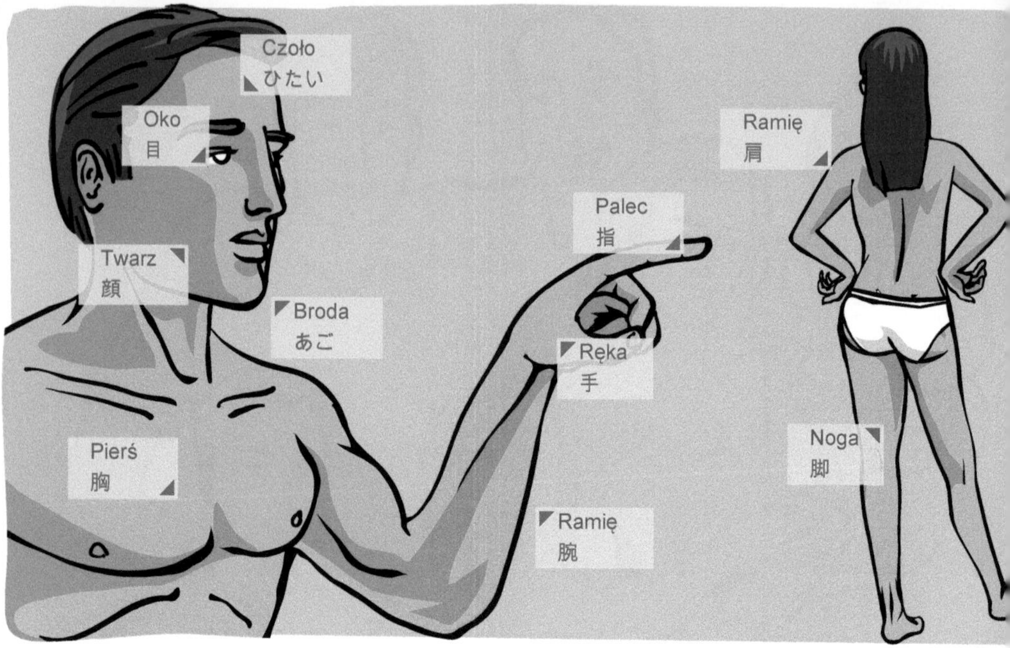

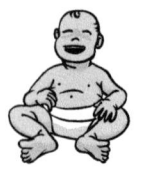

Niemowlę

赤ん坊

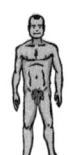

Mężczyzna

男性

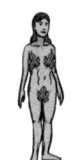

Kobieta

女性

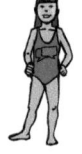

Dziewczyna

少女

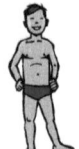

Chłopiec

少年

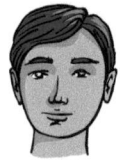

Głowa

頭

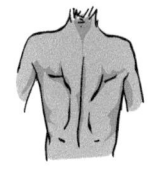

Plecy

背中

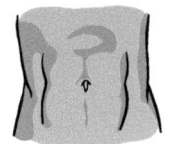

Brzuch

腹

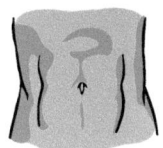

Pępek

へそ

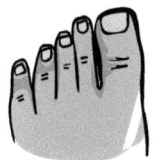

palec nogi

足指

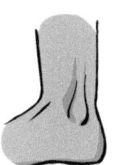

Pięta

かかと

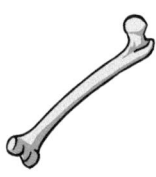

Kość

骨

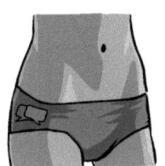

Biodro

腰

Kolano

ひざ

Łokieć

ひじ

Nos

鼻

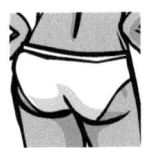

Pośladki

尻

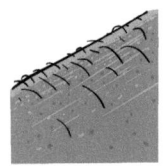

Skóra

皮膚

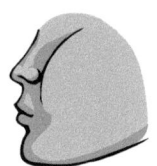

Policzek

頬

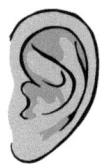

Uszy

耳

Warga

唇

Ciało - 体

69

Usta

口

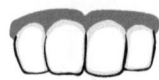

Ząb

歯

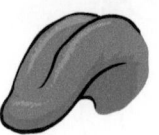

Język

舌

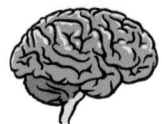

Mózg

脳

Serce

心臓

Mięsień

筋肉

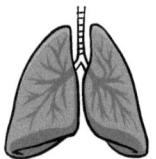

Płuca

肺

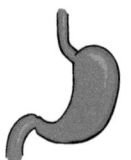

Wątroba

肝臓

Żołądek

胃

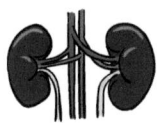

Nerki

腎臓

Stosunek płciowy

セックス

Kondom

コンドーム

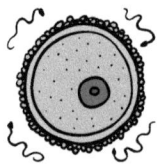

Komórka jajowa

卵細胞

Sperma

精液

Ciąża

妊娠

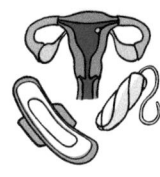

Menstruacja

月経

Wagina

膣

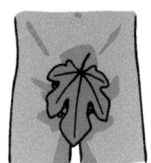

Penis

ペニス

Brew

眉

Włosy

髪

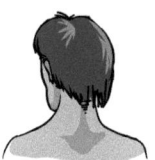

Szyja

首

Szpital
病院

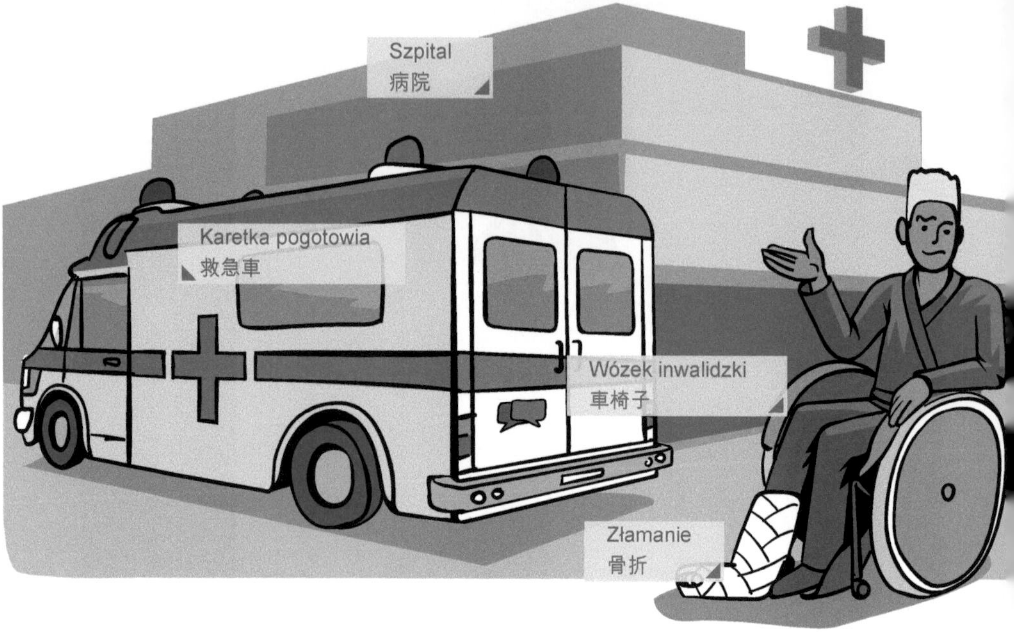

Karetka pogotowia
救急車

Wózek inwalidzki
車椅子

Złamanie
骨折

Lekarz

医師

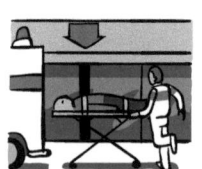

Izba przyjęć

救急治療室

Pielęgniarka

看護師

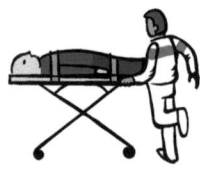

Nagły przypadek

救急

nieprzytomny

失神

Ból

痛み

Skaleczenie

けが

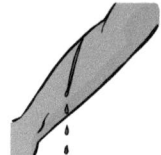

Krwawienie

出血

Zawał serca

心臓発作

Udar mózgu

脳卒中

Alergia

アレルギー

Kaszleć

咳

Gorączka

熱

Grypa

インフルエンザ

Biegunka

下痢

Ból głowy

頭痛

Rak

癌

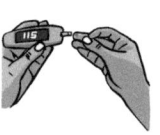

Cukrzyca

糖尿病

Chirurg

外科医

Skalpel

外科用メス

Operacja

手術

CT
CT

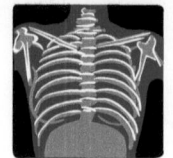

Rentgen
レントゲン

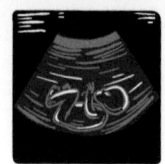

Ultradźwięki
超音波

Maska
マスク

Choroba
病気

Poczekalnia
待合室

Kula
松葉づえ

Plaster
ばんそうこう

Opatrunek
包帯

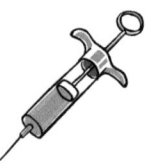

Iniekcja
注射

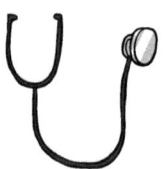

Stetoskop
聴診器

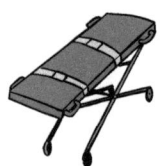

Nosze
担架

Termometr
体温計

Poród
出産

Nadwaga
肥満

Aparat słuchowy

補聴器

Środek dezynfekcyjny

消毒剤

Infekcja

感染

Wirus

ウイルス

HIV / AIDS

HIV / エイズ

Medycyna

内服薬

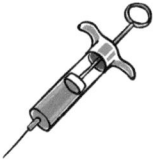

Szczepienie

予防接種

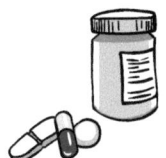

Tabletki

錠剤

Pigułka

ピル

Telefon ratunkowy

緊急電話

Ciśnieniomierz krwi

血圧計

chory / zdrowy

病気の / 健康な

Pomocy!

助けて！

Alarm

アラーム

Napad

暴行

Atak

攻撃

Niebezpieczeństwo

危険

Wyjście awaryjne

非常口

Pożar!

火事だ！

Gaśnica

消火器

Wypadek

事故

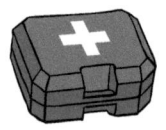

Walizeczka pierwszej
pomocy

救急箱

SOS

SOS

Policja

警察

Europa

ヨーロッパ

Ameryka Północna

北米

Ameryka Południowa

南米

Afryka

アフリカ

Azja

アジア

Australia

オーストラリア

Atlantyk

大西洋

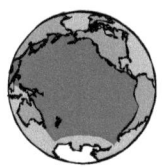

Pacyfik

太平洋

Ocean Indyjski

インド洋

Ocean Antarktyczny

南極海

Ocean Arktyczny

北極海

Biegun północny

北極

Biegun południowy

南極

Antarktyda

南極大陸

Ziemia

地球

Kraj

陸

Morze

海

Wyspa

島

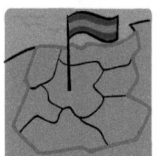

Naród

国家

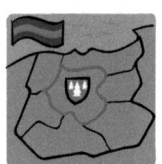

Państwo

国家

Cyferblat

文字盤

Wskazówka godzinowa

短針

Wskazówka minutowa

長針

Wskazówka sekundowa

秒針

Która godzina?

何時ですか？

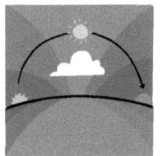

Dzień

日

Czas

時間

teraz

現在

Zegarek digitalny

デジタル時計

Minuta

分

Godzina

時間

Tydzień
週

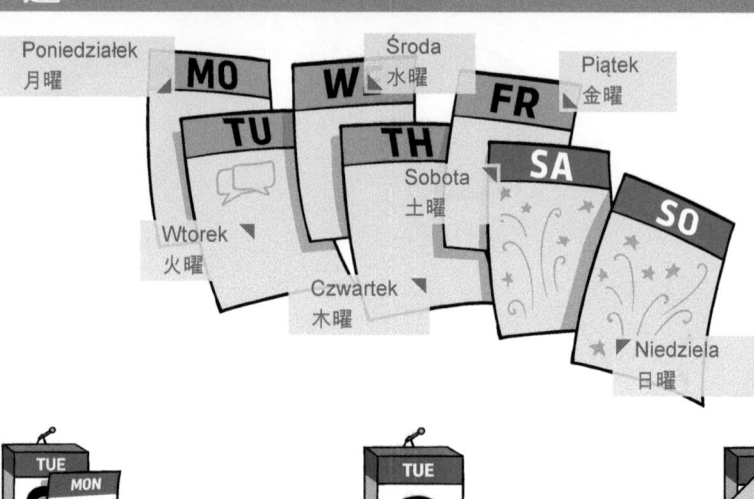

Poniedziałek
月曜

Wtorek
火曜

Środa
水曜

Czwartek
木曜

Piątek
金曜

Sobota
土曜

Niedziela
日曜

wczoraj

昨日

dzisiaj

今日

jutro

明日

Rano

朝

Południe

昼

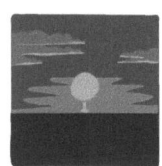

Wieczór

夜

MO	TU	WE	TH	FR	SA	SU
1	2	3	4	5	6	7
8	9	10	11	12	13	14
15	16	17	18	19	20	21
22	23	24	25	26	27	28
29	30	31	1	2	3	4

Dni robocze

営業日

MO	TU	WE	TH	FR	SA	SU
1	2	3	4	5	6	7
8	9	10	11	12	13	14
15	16	17	18	19	20	21
22	23	24	25	26	27	28
29	30	31	1	2	3	4

Weekend

週末

Rok
年

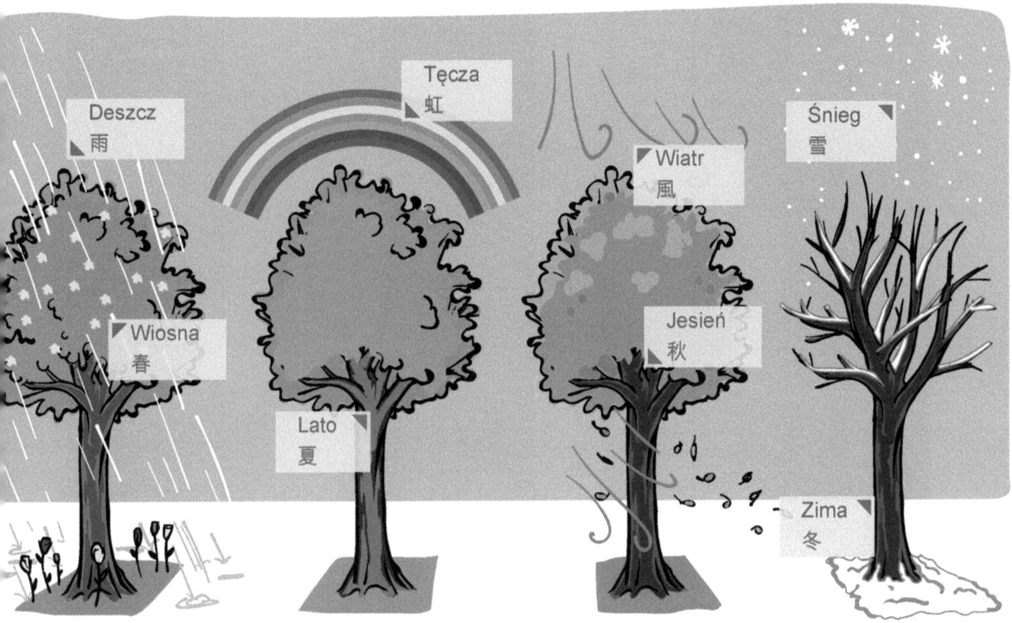

Deszcz
雨
Tęcza
虹
Wiatr
風
Śnieg
雪
Wiosna
春
Lato
夏
Jesień
秋
Zima
冬

4.APRIL 11°
5.APRIL 4°
6.APRIL 13°
7.APRIL 8°
8.APRIL 10°

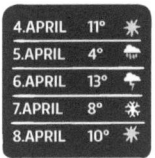

Prognoza pogody

天気予報

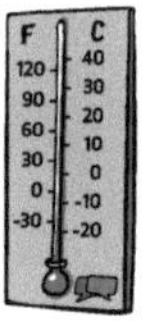

F
C
120
90
60
30
0
-30
40
30
20
10
0
-10
-20

Termometr

温度計

Światło słoneczne

日差し

Chmura

雲

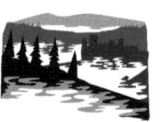

Mgła

霧

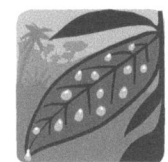

Wilgotność powietrza

湿度

Błyskawica

雷

Grzmot

雷

Sztorm

嵐

Grad

ひょう

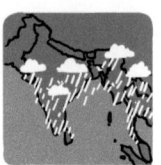

Monsun

季節風

Potop

洪水

Lód

氷

Styczeń

1月

Luty

2月

Marzec

3月

Kwiecień

4月

Maj

5月

Czerwiec

6月

Lipiec

7月

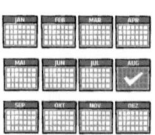

Sierpień

8月

Rok - 年

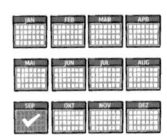

Wrzesień
....
9月

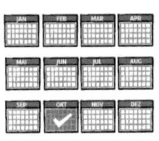

Październik
....
10月

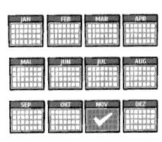

Listopad
....
11月

Grudzień
....
12月

Kształty
形

Koło
....
円

Kwadrat
....
正方形

Prostokąt
....
長方形

Trójkąt
....
三角

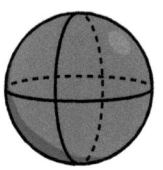

Kula
....
球

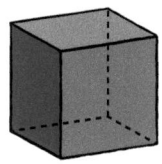

Sześcian
....
立方体

biały

白

żółty

黄

pomarańczowy

オレンジ

różowy

ピンク

czerwony

赤

liliowy

紫

niebieski

青

zielony

緑

brązowy

茶

szary

灰色

czarny

黒

dużo / mało

多い　/　少ない

wściekły / spokojny

怒っている /
落ち着いている

piękny / brzydki

美しい　/　醜い

początek / koniec

初め　/　終わり

duży / mały

大きい　/　小さい

jasny / ciemny

明るい　/　暗い

brat / siostra

兄弟　/　姉妹

czysty / brudny

清潔な / 汚い

kompletny / niekompletny

完全な　/　不完全な

dzień / noc

日中　/　夜

umarły / żywy

死んだ　/　生きている

szeroki / wąski

幅広い　/　狭い

jadalny / niejadalny

食べられる /
食べられない

zły / uprzejmy

悪意のある / 親切な

podniecony / znudzony

興奮している /
退屈している

gruby / chudy

太った / 痩せた

najpierw / na końcu

最初に / 最後に

przyjaciel / wróg

友人 / 敵

pełen / pusty

いっぱいの / 空の

twardy / miękki

硬い / 柔らかい

ciężki / lekki

重い / 軽い

głód / pragnienie

空腹 / 喉の渇き

chory / zdrowy

病気の / 健康な

nielegalny / legalny

違法な / 合法な

inteligentny / głupi

賢い / 愚かな

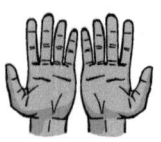

lewo / prawo

左に / 右に

bliski / daleki

近い / 遠い

nowy / używany

新しい / 中古の

nic / coś

何もない / 何かある

stary / młody

老いた / 若い

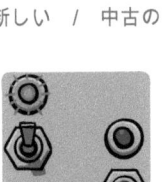

włącz / wyłącz

オン / オフ

otwarty / zamknięty

開いている /
閉まっている

cichy / głośny

静かな / うるさい

bogaty / biedny

裕福な / 貧乏な

prawidłowy / błędny

正しい / 間違っている

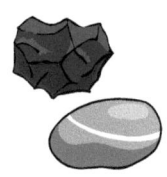

chropowaty / gładki

粗い / なめらか

smutny / szczęśliwy

悲しい / 幸せな

krótki / długi

短い / 長い

powolny / szybki

ゆっくり / 速い

mokry/suchy

濡れた / 乾いた

ciepły / chłodny

温かい / 冷たい

wojna / pokój

戦争 / 平和

0

zero

ゼロ

1

jeden

1

2

dwa

2

3

trzy

3

4

cztery

4

5

pięć

5

6

sześć

6

7

siedem

7

8

osiem

8

9

dziewięć

9

10

dziesięć

10

11

jedenaście

11

12

dwanaście
12

13

trzynaście
13

14

czternaście
14

15

piętnaście
15

16

szesnaście
16

17

siedemnaście
17

18

osiemnaście
18

19

dziewiętnaście
19

20

dwadzieścia
20

100

sto
100

1.000

tysiąc
1000

1.000.000

milion
100万

Angielski

英語

Angielski amerykański

アメリカ英語

Chiński mandaryński

中国標準語

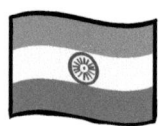

Hindi

ヒンディー語

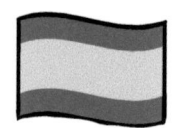

Hiszpański

スペイン語

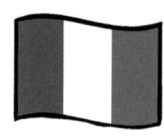

Francuski

フランス語

Arabski

アラビア語

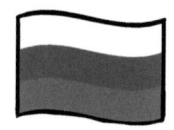

Rosyjski

ロシア語

Portugalski

ポルトガル語

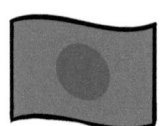

Bengalski

ベンガル語

Niemiecki

ドイツ語

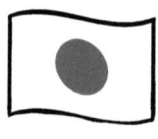

Japoński

日本語

ja
私

ty
あなた

on / ona / ono
彼 / 彼女 / それ

my
私たち

wy
あなたたち

oni
彼ら

kto?
誰？

co?
何？

jak?
どうやって？

gdzie?
どこ？

kiedy?
いつ？

Nazwisko
名前

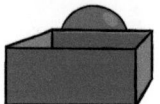

za

後ろ

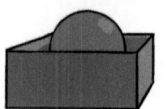

w

中

przed

前

powyżej

上

na

上

pod

下

obok

横

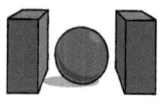

między

間

Miejsce

場所